MYŚLENIE, SZYBKIE I WOLNE

KSIĄŻKA O BŁĘDACH, KTÓRE MOGĄ UPOŚLEDZAĆ LUDZKI PROCES DECYZYJNY

W latach 70. Daniel Kahneman i jego wieloletni współpracownik Amos Tversky podważyli konwencjonalną mądrość, zagłębiając się w (wadliwe) mechanizmy, których ludzie używają do podejmowania decyzji. 40 lat później te spostrzeżenia zostały zebrane w książce *Thinking, Fast and Slow*, której celem jest przybliżenie im szerszej publiczności niż dotychczas.

Identyfikując dwa różne systemy myślenia (nazwane po prostu Systemem 1 i Systemem 2, aka Szybkim i Wolnym), książka wyjaśnia źródło tych mechanizmów i warunki, w jakich mogą one wystąpić. Środkowe rozdziały zagłębiają się w niektóre ze specyficznych mechanizmów zidentyfikowanych w pracach Kahnemana i Tversky'ego z lat 70. i to, w jaki sposób pozostają one istotne dla dzisiejszych dyskusji.

Książka jest ukoronowaniem czterech dekad badań nad ludzkim podejmowaniem decyzji przez Daniela Kahnemana i stoi na czele wciąż rosnącej fali badań nad zawartymi w niej tematami.

Wydanie referencyjne: Kahneman, D. (2011) *Thinking, Fast and Slow*. New York: Penguin.

1. wydanie: 2011 r.

Autor: Daniel Kahneman (izraelsko-amerykański psycholog i ekonomista, ur. 5 marca 1934)

Dziedziny: psychologia, ekonomia

Słowa kluczowe:

- <u>Heurystyka</u>: umysłowa "droga na skróty", którą ludzie stosują, aby dokonywać osądów w złożonych sytuacjach, w których nie ma wystarczających dowodów, aby sformułować w pełni uzasadniony osąd.

- <u>Stronniczość</u>: systematyczne odchylenie od pewnej normy lub racjonalności w osądzie, będące konsekwencją ciągłego stosowania heurystyki.

- <u>Teoria perspektywy</u>: model opisowy wprowadzony przez Kahnemana i Tversky'ego w celu analizy realnego podejmowania decyzji w przeciwieństwie do podejmowania decyzji optymalnych. Model ten stwierdza, że ludzie nie podejmują decyzji na podstawie potencjalnych wyników, ale wagi przypisywanej potencjalnym stratom i zyskom. Na to, jak prawdopodobne są te straty i zyski, wpływa heurystyka.

- <u>Zakotwiczenie</u>: specyficzna heurystyka, która wpływa na postrzeganie ważności w podejmowaniu decyzji ze względu na to, że pewna informacja została przedstawiona jako pierwsza. Na podstawie tej informacji osoba formułuje osąd kolejnych informacji, uprzedzając osąd na korzyść pierwszej informacji.

- <u>Efekt obdarowania</u>: heurystyka wyjaśniająca rozbieżność między wartością przypisywaną czemuś, co już się posiada, a wartością przypisywaną czemuś, czego się nie posiada, mimo że te dwa przedmioty mają taką samą wartość. Ludzie są mniej skłonni do rozstania się z czymś, co posiadają w zamian za coś innego o tej samej wartości. W sensie ekonomicznym przekłada się to na dużą różnicę w tzw. Willingness to Pay (to, co jesteś gotów zapłacić za dobro) i Willingness to Accept (minimalna kwota pieniędzy, którą jesteś gotów zaakceptować za dobro, aby się z nim rozstać).

- <u>Dostępność</u>: skrót myślowy, który przypisuje większe znaczenie przypominaniu sobie rzeczy. Rzeczy, które są żywe w czyimś umyśle są postrzegane jako ważniejsze Na przykład: katastrofy lotnicze są rzadkimi zdarzeniami, ale ze względu na ich dużą widoczność są częstym źródłem strachu dla wielu osób, które muszą lecieć samolotem. Z kolei wypadki samochodowe zdarzają się znacznie częściej, ale nie mówi się o nich tak często ze względu na niską saliencję.

KONTEKST

AUTOR

Daniel Kahneman urodził się 5 marca 1934 roku w Tel Awiwie, w ówczesnej jeszcze Mandatowej Palestynie. Ukończył studia psychologiczne i matematyczne na Uniwersytecie Hebrajskim w Jerozolimie, po czym pracował w Siłach Obronnych Izraela, aż w 1958 roku wyjechał do Stanów Zjednoczonych, gdzie podjął studia doktoranckie z psychologii na Uniwersytecie Kalifornijskim w Berkeley. Od tamtej pory jest pracownikiem naukowym, a obecnie emerytowanym profesorem psychologii i spraw publicznych na Uniwersytecie Princeton.

Najbardziej znany jest ze swojej wieloletniej współpracy z psychologiem Amosem Tversky'm, z którym prowadził badania nad podejmowaniem decyzji, które przyniosły mu w 2002 roku Nagrodę Nobla w dziedzinie nauk ekonomicznych (Tversky zmarł w 1996 roku). Oprócz Nagrody Nobla, w 2013 roku otrzymał również Prezydencki Medal Wolności. Jego wpływ naukowy rozprzestrzenił się poza dziedzinę psychologii na takie dziedziny jak ekonomia i nauki polityczne, co odzwierciedla oszałamiająca liczba 350 000 cytowań w Google Scholar. Przede wszystkim jego badania odegrały bardzo istotną rolę w pomocy w ustanowieniu dziedziny ekonomii behawioralnej dzięki jego wieloletniej współpracy z Richardem Thalerem, laureatem Nagrody Nobla z 2017 roku. Był żonaty z psychologiem poznawczym Anne Treisman od 1978 roku do jej śmierci w 2018 roku i ma dwoje dzieci.

KONTEKST I TŁO

Powstanie literatury na temat uprzedzeń i heurystyki w dziedzinie psychologii zbiegło się w czasie z powstaniem dziedziny ekonomii behawioralnej, która miała urosnąć do rangi głównej subdyscypliny ekonomii. Heurystyki i uprzedzenia są szczególnymi przykładami (podświadomych) technik stosowanych w ramach tego, co politolog i ekonomista Herbert Simon określił jako ograniczoną racjonalność (1955). Z powodu wrodzonych ograniczeń poznawczych ze strony ludzi i ograniczeń narzuconych przez środowisko, w którym ludzie żyją, nie mogą oni działać w pełni racjonalnie i dlatego wykorzystują pewne skróty (heurystyki i uprzedzenia).

Jak już wspomniano, Herbert Simon był pionierem w badaniach nad podejmowaniem decyzji w warunkach niedoskonałych, wprowadzając i rozwijając koncepcje ograniczonej racjonalności i reguły satysfakcji. Reguła satysfakcji jest strategią podejmowania decyzji, która wiąże się z progowym pojęciem dostępności. Zakłada ona, że jednostki nie szukają najlepszej możliwej alternatywy, ale takiej, która spełnia minimalny zestaw wymagań.

STRESZCZENIE KSIĄŻKI "MYŚLENIE, SZYBKO I POWOLI"

Thinking, Fast and Slow podsumowuje całą masę niezależnych badań przeprowadzonych w ciągu ostatnich czterech dekad przez Kahnemana i Tversky'ego, ale wykracza poza nie, oferując ramy koncepcyjne, aby spróbować zrozumieć, *dlaczego* dokładnie nasze umysły popełniają te systematyczne błędy. W pierwszym rozdziale Kahneman rozróżnia dwa rodzaje umysłu:

- "*System 1* działa automatycznie i szybko, przy niewielkim wysiłku i bez poczucia dobrowolnej kontroli.

- *System 2* przykłada uwagę do wymagających wysiłku czynności umysłowych, w tym złożonych obliczeń. Operacje Systemu 2 są często związane z subiektywnym doświadczeniem sprawstwa, wyboru i koncentracji" (s. 20-21).

System 1 to system automatyczny, który towarzyszy nam stale, choć w większości jest podświadomy. Kahneman nazywa to naszą pamięcią asocjacyjną. System 2, z drugiej strony, jest systemem kontrolowanym, z którego czerpiemy rzadziej, ponieważ w naszych codziennych czynnościach zazwyczaj nie stykamy się tak często ze skomplikowanymi zagadnieniami. Kahneman stara się przekazać, że te dwa systemy są ze sobą w "kontakcie" i że ich dopasowanie (lub niedopasowanie) odgrywa kluczową rolę w tym, dlaczego ludzie są podatni na błędy.

Zazwyczaj relacje między nimi są nieco hierarchiczne:

> "(...) Systemy 1 i 2 są aktywne zawsze, gdy jesteśmy obudzeni. System 1 działa automatycznie, a System 2 znajduje się zwykle w komfortowym trybie niskiego wysiłku, w którym zaangażowany jest tylko ułamek jego możliwości. System 1 stale generuje sugestie dla Systemu 2: wrażenia, intuicje, intencje i uczucia. Jeśli System 2 je zaakceptuje, wrażenia i intuicje zamieniają się w przekonania, a impulsy w dobrowolne działania. Kiedy wszystko idzie gładko, co ma miejsce przez większość czasu, System 2 przyjmuje sugestie Systemu 1 z niewielką lub żadną modyfikacją." (p. 24)

Problemy pojawiają się, gdy występują warunki odbiegające od normy. W takich warunkach koordynacja pomiędzy dwoma systemami może ulec zaburzeniu, a System 2 traci swoją moc jako kontrola Systemu 1: "... System 1 jest generalnie bardzo dobry w tym, co robi: jego modele znanych sytuacji są dokładne, jego krótkoterminowe przewidywania są zazwyczaj również dokładne, a jego początkowe reakcje na wyzwania są szybkie i ogólnie właściwe. System 1 ma jednak wady, systematyczne błędy, które jest skłonny popełniać w określonych okolicznościach" (s. 25).

Kiedy tak się dzieje, System 2 musi wkroczyć i przejąć obowiązki Systemu 1: "Kiedy System 1 napotyka trudności, wzywa System 2 do wsparcia bardziej szczegółowego i specyficznego przetwarzania, które może rozwiązać problem w danej chwili. System 2 jest mobilizowany gdy pojawia się pytanie, na które System 1 nie oferuje odpowiedzi [...]" (s. 24). System 2 jest systemem, który odpowiada za to, co nazywamy samokontrolą.

Kolejne trzy rozdziały dotyczą szeregu wad naszego myślenia, które Kahneman i Tversky (a w pewnym stopniu także inni) zidentyfikowali w ciągu kilkudziesięciu lat od rozpoczęcia swojego programu badawczego. Najbardziej wyraziste z nich są następujące:

- **Kotwice: kotwice** to punkty odniesienia, które wpływają na postrzeganie danej kwestii przez ludzi. Samo w sobie nie jest to zaskakujące, ponieważ używamy punktów odniesienia przez cały czas, aby nadać sens rzeczom, ale "wada" polega na tym, że niezależnie od tego, czy kotwica jest w jakikolwiek sposób istotna dla danego zagadnienia, najwyraźniej nadal ma wpływ na to, jak postrzegamy rzeczy. Książka podaje przykład tego, jak dwie przypadkowe liczby na kole fortuny wpłynęły na decyzję, którą podjęli ludzie zapytani o to, ile lat miał Gandhi, kiedy umarł. Liczby te nie miały bezpośredniego związku z rzeczywistym wiekiem Gandhiego w chwili śmierci (78 lat), ale mimo to wpłynęły na odpowiedź udzieloną przez ludzi. Pierwszą liczbą było 10, a drugą 65. Przewidywalnie, ludzie, którzy otrzymali 10, średnio oszacowali niższy wiek Gandhiego w chwili jego śmierci w porównaniu z ludźmi, którzy otrzymali 65. Efekt ten został dobrze udokumentowany przez lata, ale powód, dla którego ludzie są podatni na efekty zakotwiczenia, pozostawał do niedawna nierozwiązany: "Dwa różne mechanizmy wytwarzają efekty zakotwiczenia – po jednym dla każdego systemu. Istnieje forma zakotwiczenia, która występuje w celowym procesie dostosowania, działanie Systemu 2. I jest zakotwiczenie, które występuje poprzez efekt primingu, automatyczny przejaw Systemu 1" (s. 120).

- **Dostępność:** w pewnym sensie heurystyka dostępności jest podobna do heurystyki zakotwiczenia, ponieważ zależy od tego, czy ludzie faktycznie zobaczą coś, co daje im błędne wrażenie na temat rzeczy. Wyobraźnia bawi się z naszym umysłem, ponieważ poważnie gra na słabości pierwszego systemu:

> *"Niezwykle żywy obraz śmierci i zniszczeń, stale wzmacniany przez uwagę mediów i częste rozmowy, staje się wysoce dostępny, zwłaszcza jeśli kojarzy się z konkretną sytuacją, taką jak widok autobusu. Pobudzenie emocjonalne ma charakter asocjacyjny, automatyczny i niekontrolowany, wywołuje impuls do działania ochronnego. System 2 może "wiedzieć", że prawdopodobieństwo jest niewielkie, ale wiedza ta nie eliminuje samogenerującego się dyskomfortu i chęci uniknięcia go. Systemu 1 nie da się wyłączyć. Emocje są nie tylko nieproporcjonalne do prawdopodobieństwa, ale także niewrażliwe na dokładny poziom prawdopodobieństwa." (s. 322-323)*

- **Efekt obdarowania: efekt** obdarowania, jak stwierdzono wcześniej, ma miejsce wtedy, gdy wartość, którą przypisujesz czemuś, co osobiście posiadasz, przewyższa wartość, którą przypisujesz innemu przedmiotowi, którego nie posiadasz, podczas gdy w rzeczywistości mają one dokładnie taką samą wartość, gdy są rozpatrywane obiektywnie. Co powoduje tę rozbieżność? Przyczyna nie tkwi w jakiejś nieodłącznej cesze związanej z różnymi dobrami, a e w celu, któremu służą: "Cechą wyróżniającą jest to, że zarówno buty, które sprzedaje ci kupiec, jak i pieniądze, które wydajesz ze swojego budżetu na buty, są przechowywane "na wymianę". Są one przeznaczone do wymiany na inne dobra. Inne dobra, takie jak winc czy bilety na Super Bowl, są trzymane "do użytku", dc skonsumowania lub cieszenia się w inny sposób" (s 294). Dobra, których zamierzasz używać, mają dla ciebie większą wartość niż dobra przeznaczone na wymianę, więc kiedy masz ładną butelkę wina, jak w przykładzie podanym w książce, niechętnie się z nią rozstaniesz, chyba że podarowana ci suma znacznie przewyższy kwotę, którą byłeś gotów wydać na jej zakup.

WPŁYW *MYŚLENIA, SZYBKIEGO I POWOLNEGO*

ODBIÓR

Książka napisana przez laureata Nagrody Nobla, elegancko podsumowująca bogactwo badań naukowych, niemal na pewno przyciągnie znaczną uwagę i w tym punkcie się sprawdziła. Została szeroko zrecenzowana i doceniona, zdobywając takie nagrody jak National Academy of Sciences Best Book Award, jedna z najlepszych książek roku 2011 według *The New York Times Book Review*, jedna z książek roku 2011 według *The Economist i jedna z najlepszych książek niefabularnych* roku 2011 według The *Wall Street Journal.*

Od czasu pierwszej publikacji w 2011 roku książka sprzedała się w ponad półtora miliona egzemplarzy, dzięki czemu znalazła się na wielu listach bestsellerów, takich jak New York Times Bestseller List. Z naukowego punktu widzenia książka była recenzowana w takich czasopismach jak *Journal of Economic Literature.*

Jest to jedna z niewielu książek napisanych przez naukowca, której udaje się przebrnąć przez świat akademicki i świat głównego nurtu. Książka jest wykorzystywana przez naukowców jako podręcznik na kursach psychologii i ekonomii behawioralnej lub jako część listy lektur na kursie.

KRYTYKA PODEJŚCIA KAHNEMANA

Literatura dotycząca heurystyki i uprzedzeń, choć generalnie pozytywnie przyjęta w świecie akademickim, wciąż wzbudza pewną krytykę. Szczególnie dwie krytyki wydają się warte wskazania:

1. Argumentowano, że irracjonalność jako konsekwencja działania heurystyki i uprzedzeń będzie/będą usuwane w procesie rynkowym. Ceny i alokacje staną się efektywne z ekonomicznego punktu widzenia pomimo działania czynników psychologicznych. Szczególnym tego przykładem jest przykład Miltona Friedmana (1953), który przedstawił ten mechanizm na rynkach finansowych.

2. Druga krytyka uznaje wpływ czynników psychologicznych na zachowanie jednostki, ale twierdzi, że wpływa on jedynie na zachowanie na marginesie, podczas gdy standardowe podejścia ekonomiczne zajmują się zachowaniem pierwszego rzędu. Jako takie, nie wpływa na zasadnicze decyzje podejmowane przez jednostki (a przynajmniej nie w żadnym znaczącym sensie).

Do tych krytycznych uwag odniosły się na ogół badania empiryczne, poddając w wątpliwość skuteczność omawianych mechanizmów rynkowych.

Bardziej zdecydowana jest krytyka przeprowadzona przez Andreia Shleifera (2012). Funkcjonalne rozróżnienie pomiędzy Systemem 1 i Systemem 2 staje się napięte, gdy przyjrzymy się mu bliżej. Czy rzeczywiście jest tak, że System 2 zapewnia niezawodną kontrolę informacyjną przed błędami Systemu 1? Shleifer wskazuje, że to, jakie informacje posiada System 2, różni się radykalnie między ludźmi:

> *"... obliczanie 20 x 20 jest zadaniem niewymagającym wysiłku ze strony Systemu 1, głównie dlatego, że ekonomiści zostali wybrani, by być w tym dobrzy i mieli mnóstwo praktyki. Ale dla wielu ludzi, którzy nie są ekspertami, operacja ta jest wysiłkowa, a nawet niemożliwa, i z pewnością jest domeną Systemu 2. Dla kontrastu, wkręcenie żarówki jest dla mnie jak najbardziej Systemem 2 [...]. W miarę jak ludzie zdobywają wiedzę lub ekspertyzę, zmieniają się domeny tych dwóch systemów."* (2012: 4)

To, czy System 2 poprawi błędy popełnione przez System 1, wydaje się zależeć bardziej od cech danych osób, a nie od jakiegoś uogólnionego rozkładu wiedzy między nimi. Ponadto problemy związane z tymi dwoma systemami są teoretycznie odmienne: jak wskazali Kahneman (i Tversky), ludzie ponoszą porażkę w myśleniu w Systemie 1, ponieważ nie myślą o problemach we właściwy sposób. Ludzie zawodzą natomiast w myśleniu Systemu 2 ze względu na wspomnianą wcześniej ograniczoną racjonalność, co oznacza, że rozwiązywanie złożonych problemów jest samo w sobie ograniczone, mimo że świadomie poświęcamy mu uwagę (np. mimo że myślimy o tych problemach we właściwy sposób).

Tak więc System 1 i System 2 wydają się być odrębnymi procesami mentalnymi, co prowadzi Shleifera do myślenia, że hierarchiczna wizja Kahnemana pomiędzy 1 i 2 może nie być potwierdzona przez przyszłe badania: "(…) każdy z Systemu 1 i Systemu 2 wydaje się być zbiorem odrębnych procesów umysłowych. System 1 obejmuje nieświadomą uwagę, percepcję, emocje, pamięć, automatyczne narracje przyczynowe itd. Obawiam się, że po rozpracowaniu biologii myśli, to, co faktycznie dzieje się w naszych głowach, raczej nie da się zgrabnie zmapować na szybkie i wolne myślenie." (*tamże*: 5).

DZIEDZICTWO

Idee zawarte w książce w zasadniczy sposób wpłynęły na wiele dziedzin, takich jak psychologia, ekonomia, politologia, biznes czy finanse (czego dowodem są prace Roberta Schillera, który za swoją pracę nad finansami behawioralnymi otrzymał w 2013 roku Nagrodę Nobla w dziedzinie nauk ekonomicznych). Jak już wspomniano, osoby takie jak Richard Thaler w ekonomii, ale także Cass Sunstein w prawie, przez bardzo długi czas były ściśle związane z projektami badawczymi Kahnemana i Tversky'ego.

Szczególnie godnym uwagi rozwinięciem programu badań nad heurystykami i uprzedzeniami było powstanie dziedziny libertariańskiego paternalizmu. W tej dziedzinie Thaler współpracował z Sunsteinem, aby zastanowić się nad wpływem, jaki obecność wad poznawczych może mieć na projektowanie polityki (zob. przewodnik po napisanej przez nich książce *Nudge*).

Pomysł polega na tym, że rządy mogą wdrożyć coś, co nazywają "architekturą wyboru": zestaw zaleceń, które skłaniają ludzi do dokonywania pewnych wyborów, które są dla nich lepsze, jak oceniają to sami ludzie. Te polityczne kuksańce mają działać lepiej właśnie dlatego, że zaspokajają psychologiczne predyspozycje ludzi.

PODSUMOWANIE

Kahneman definiuje kilka kluczowych pojęć związanych z procesami myślowymi człowieka:

- **System 1: system,** który jest odpowiedzialny za radzenie sobie z codziennymi przepływami informacji, z którymi się stykamy. Jest impulsywny i w dużej mierze podświadomy, ale zwykle wykonuje swoje zadanie, ponieważ rzeczy, z którymi się stykamy, to w większości proste sytuacje, które nie wymagają oc nas przejścia do Systemu 2. System 1 zasadniczo obejmuje wrodzone zdolności ludzkie, które są wspólne u prawie wszystkich, oraz pewne podstawowe wyuczone umiejętności, takie jak skojarzenia między ideami, czytanie, niuanse itp. Wiedza ta jest przechowywana i dostępna dla ludzi bez intencji i wysiłku.

- **System 2:** obejmuje operacje, które są wykonywane świadomie: "Wysoce zróżnicowane operacje Systemu 2 mają jedną wspólną cechę: wymagają uwagi i są zakłócane, gdy uwaga zostaje odciągnięta" (s. 22). W tym miejscu ludzie stają w obliczu kompromisu: ilość dostępnej uwagi jest ograniczona i dlatego w danym momencie możemy skupić się tylko na niewielkiej liczbie rzeczy. Prowadzi to do tego, że na jedne zwracamy uwagę, a inne zaniedbujemy. Kanonicznym badaniem wspomnianym w książce jest eksperyment, w którym ludziom każe się skupić na jednej z dwóch grup osób na filmie. Podczas gdy

"

oni to robią, przez kadr przechodzi człowiek ubrany w strój małpy. Większość ludzi nie zwraca uwagi na przechodzącą małpę, ponieważ poświęcają całą swoją dostępną uwagę na jedną konkretną grupę, wypierając inne rzeczy w tym procesie.

- **Teoria perspektywy:** teoretyczne ramy wyboru, które Kahneman i Tversky opracowali, aby uwzględnić to, jak ludzie wybierają w prawdziwym życiu, w przeciwieństwie do abstrakcji stosowanych np. w ekonomii neoklasycznej.

- **Heurystyka:** skróty myślowe stosowane przez ludzi w celu podjęcia decyzji na pewne tematy bez dostępu do informacji, które byłyby potrzebne do podjęcia w pełni świadomej decyzji. Heurystyki te mogą być zarówno pozytywne, jak i negatywne, ponieważ skróty mogą opierać się na najlepszych dostępnych informacjach, co jest wiarygodnym probierzem, lub mogą zniekształcać omawianą kwestię poprzez błędne przedstawienie przypadku, przyczynowości itp.

DALSZE CZYTANIE

BIBLIOGRAFIA

Kahneman, D. (2011) *Thinking, Fast and Slow*. New York: Penguin.

DODATKOWE ŹRÓDŁA

Glorieux, D. (2019) *Book Review: Nudge by Richard H. Thaler and Cass S. Sunstein*. Bruksela: Plurilingua Publishing.

Kahneman, D. & Tversky, A. (1979) Prospect Theory: An Analysis of Decision under Risk. *Econometrica*. 47(2), pp. 263-292.

Shleifer, A. (2012) Psychologists at the Gate: A Review of Daniel Kahneman's *Thinking, Fast and Slow*. *Journal of Economic Literature*. 50(4), pp. 1-12.

Simon, H. (1955) A Behavioral Model of Rational Choice. *The Quarterly Journal of Economics*. 69(1), pp. 99-118.

Thaler, R. & Sunstein, C. (2009) *Nudge: Poprawa decyzji dotyczących zdrowia, bogactwa i szczęścia*. New York: Penguin.

Tversky, A. & Kahneman, D. (1974) Judgment under uncertainty: Heuristics and biases. *Science*. 185(4157), pp. 1124-1131.

Tversky, A. & Kahneman, D. (1973) Availability: A Heuristic for Judging Frequency and Propability. *Cognitive Psychology*. 5, pp. 207-232.

Chcemy usłyszeć od Ciebie, co się dzieje!
Zostaw komentarz na temat swojej internetowej biblioteki
i podziel się swoimi ulubionymi książkami w mediach społecznościowych!

IMPROVE YOUR GENERAL KNOWLEDGE
IN THE BLINK OF AN EYE!

www.50minutes.com

Master ISBN : 9782808066631
Papierowy ISBN : 9782808099882
Depozyt prawny: D/2022/12603/163

Projekt cyfrowy: Primento – cyfrowy partner wydawców.